Sopa de Letras

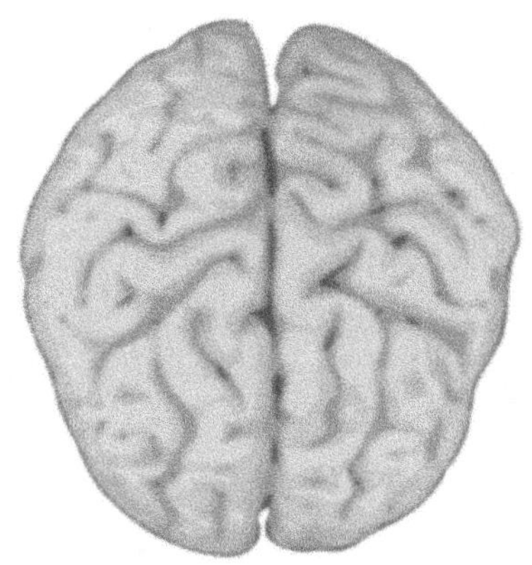

introducción

La sopa de letras es un juego que consiste en una cuadrícula u otraforma geométrica rellena con diferentes letras y sin sentido aparente.
 El juegoconsiste en descubrir un número determinado de palabras enlazando estasletras de forma horizontal, vertical o diagonal y en cualquier sentido.

Para ayudarnos a continuar, publique un comentario en el sitio·
y apreciaremos sus comentarios y sugerencias·

©2021

Tiempo : ....

G	J	T	Í	O	M	K	J	T	C	D
J	U	Z	Z	M	S	Y	D	X	O	J
I	L	T	S	W	N	M	T	G	R	Q
K	I	R	U	F	Q	X	V	X	T	U
A	O	Z	N	Y	H	N	D	S	O	I
D	A	X	A	E	P	R	V	B	Y	N
U	T	E	N	I	S	H	O	L	A	C
A	K	V	E	S	P	O	S	O	N	E
N	O	Z	B	O	L	S	W	K	N	L
A	Z	C	U	Ñ	A	D	A	U	L	M
S	G	B	V	L	G	E	S	G	A	F

HOLA   **CUÑADA**   **ADUANA**

JULIO   **TENIS**   **TÍO**

CORTO   **QUINCE**   **ESPOSO**

Tiempo : ....

S	Q	P	K	E	N	C	D	U	Z	F
L	L	C	R	H	H	I	I	G	B	A
K	L	O	I	Q	I	H	T	X	U	D
C	O	R	T	O	J	A	A	C	E	I
H	I	V	M	L	O	X	L	V	N	Ó
T	R	E	S	F	X	Y	I	A	S	S
C	Z	F	E	R	T	C	A	D	C	U
L	X	O	R	R	X	A	N	Y	E	P
Y	O	N	A	T	A	F	O	J	R	G
D	M	U	R	F	O	É	O	K	C	X
I	O	O	S	T	U	J	J	L	A	E

BUEN	CERCA	HIJO
TRES	ITALIANO	CORTO
NATA	ADIÓS	CAFÉ

Tiempo : ....

V	K	C	Z	E	V	E	P	T	K	S
O	B	R	M	S	E	G	Ú	N	O	M
L	B	X	D	M	K	F	E	L	I	Z
D	U	Z	A	K	A	Z	C	C	O	V
G	V	E	R	A	N	D	A	K	S	Q
N	P	U	P	I	T	R	E	P	K	R
K	Y	U	K	Q	K	D	C	P	Y	C
V	R	Á	B	A	N	O	K	P	H	J
F	P	P	E	S	C	A	C	A	S	A
U	H	A	U	X	I	L	I	A	R	M
X	Y	G	S	X	U	E	K	U	P	I

FELIZ	PUPITRE	SEGÚN
RÁBANO	NO	PESCA
CASA	AUXILIAR	VERANDA

Tiempo : ....

C	A	B	V	U	A	D	U	D	W	R
O	T	S	D	P	A	S	T	E	L	R
M	L	V	L	O	L	E	L	A	A	W
E	É	I	M	Y	E	G	V	X	F	Q
D	T	S	A	H	M	U	Z	X	R	L
O	I	Y	M	M	Á	N	F	A	I	A
R	C	B	I	K	N	D	B	P	C	C
S	O	S	G	Z	V	O	N	R	A	F
Z	K	V	A	B	Z	V	U	Q	N	Z
A	B	U	E	N	V	F	S	L	O	Z
G	Q	D	E	S	P	A	C	H	O	Y

ALEMÁN	SEGUNDO	AFRICANO
ATLÉTICO	BUEN	PASTEL
COMEDOR	DESPACHO	AMIGA

Tiempo : ....

B	I	H	O	K	Y	C	Y	W	B	S
R	Y	P	R	B	I	A	K	P	A	Á
A	Z	U	F	M	N	R	M	P	C	B
Z	L	L	L	Q	Y	N	A	E	T	A
O	X	G	K	Y	W	E	R	K	R	D
Y	R	A	C	E	R	E	Z	A	I	O
Z	I	D	S	S	D	A	O	P	Z	C
E	T	A	V	A	S	D	P	Y	E	B
Y	V	I	Q	L	K	Q	U	E	S	O
Q	M	J	P	I	X	M	U	W	W	O
Q	V	M	G	R	G	X	S	E	S	O

MARZO	QUESO	SÁBADO
ACTRIZ	PULGADA	CARNE
SALIR	CEREZA	BRAZO

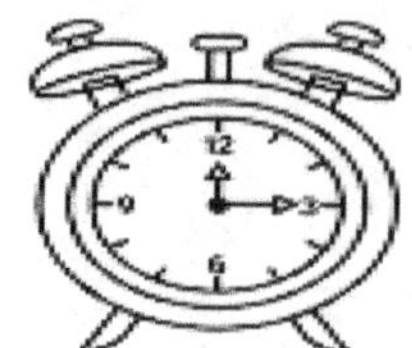

X	S	E	C	U	A	R	T	O	D	D
M	E	Z	J	T	Z	P	K	T	M	Z
R	R	I	B	P	K	T	Z	E	U	M
Q	I	N	E	L	K	W	P	R	Ñ	A
Y	O	G	E	U	A	O	B	N	E	N
C	S	L	M	M	V	A	O	E	C	O
B	U	É	L	A	L	U	Y	R	A	D
H	V	S	P	F	P	D	I	A	J	J
U	W	F	D	E	S	P	E	G	A	R
O	P	Z	H	N	U	R	C	J	I	K
R	S	Á	B	A	D	O	O	D	O	I

CUARTO **MANO** **DESPEGAR**
INGLÉS **SÁBADO** **PLUMA**
SERIO **MUÑECA** **TERNERA**

Tiempo : ....

D	D	N	N	R	U	B	I	O	F	I
D	S	A	N	D	A	L	I	A	K	D
P	A	F	P	C	M	C	Z	R	A	Z
A	L	R	I	A	W	K	O	D	P	U
V	I	T	Z	B	Z	F	Z	D	K	O
E	D	I	A	E	W	C	R	K	M	N
N	A	F	R	Z	I	O	O	C	U	M
I	S	E	R	A	W	G	S	Z	Ñ	A
D	K	Y	A	C	Y	D	B	O	E	S
A	Y	W	H	N	V	W	I	M	C	T
D	E	D	O	I	M	Z	F	Z	A	J

ROSBIF **SANDALIA** **CABEZA**
AVENIDA **RUBIO** **SALIDA**
DEDO **PIZARRA** **MUÑECA**

Tiempo : ....

G	G	I	L	I	R	D	D	D	X	H
E	S	P	A	L	D	A	S	B	G	W
S	P	I	Z	A	R	R	A	V	Q	B
O	X	V	A	R	R	G	O	S	E	A
P	G	H	K	T	T	Y	D	A	A	I
A	K	B	M	A	D	R	E	N	Z	L
Y	E	S	P	O	S	O	W	D	O	E
M	E	Z	Q	U	I	N	O	A	M	A
J	W	Z	J	D	E	G	K	L	Z	G
F	C	C	Z	C	V	D	H	I	G	O
J	U	G	R	I	S	W	H	A	P	E

MEZQUINO   **PIZARRA**   **SOPA**
MADRE   **BAILE**   **ESPOSO**
ESPALDA   **GRIS**   **SANDALIA**

Tiempo : ....

N	L	D	B	I	P	L	C	G	F	N
A	B	A	Y	W	N	I	Ñ	O	S	H
R	E	Z	Q	Y	R	S	C	V	B	Q
A	B	K	D	X	J	E	I	O	N	R
N	E	Z	U	F	I	C	H	E	R	O
J	R	S	E	T	E	N	T	A	U	M
A	F	F	P	O	L	L	O	E	I	P
L	N	A	B	U	E	L	O	F	W	E
Z	D	X	J	L	X	I	A	K	V	R
X	O	L	E	B	G	V	R	O	T	J
U	R	P	W	Y	C	E	R	E	Z	A

CEREZA   SETENTA   ABUELO

ROMPER   BEBER   NIÑOS

FICHERO   NARANJA   POLLO

Tiempo : ....

A	P	I	C	O	U	Ñ	A	J	S	N
R	U	U	T	V	C	A	Q	K	Q	G
N	L	I	K	P	V	J	T	I	Z	A
X	C	E	R	V	E	Z	A	O	Y	C
W	O	R	E	J	A	I	B	Y	L	A
D	O	M	N	V	N	J	S	V	S	M
W	S	W	P	R	C	D	V	H	O	A
Y	F	X	E	X	M	C	A	F	É	R
N	F	A	C	T	U	R	A	R	N	E
Z	P	P	L	A	T	I	L	L	O	R
A	B	U	E	L	O	H	E	R	K	O

FACTURAR   **PLATILLO**   **CAFÉ**

CERVEZA   **TIZA**   **ABUELO**

UÑA   **CAMARERO**   **OREJA**

Tiempo : ....

A	C	Z	F	E	O	U	G	V	E	W	
P	L	E	F	F	H	O	D	R	U	K	
C	H	A	Q	U	E	T	A	S	G	G	
T	P	A	B	F	M	A	W	X	D	Z	
B	T	S	U	U	V	A	Q	M	M	F	
A	W	A	L	K	Q	S	U	R	A	K	
M	S	L	Q	S	A	S	B	L	Z	G	
A	E	I	P	A	D	L	B	F	O	Y	
U	R	D	N	L	R	O	P	A	R	J	
P	I	A	M	I	Y	W	Q	E	C	R	
N	O	I	L	R	W	P	F	C	A	G	

MAZORCA	**ROPA**	**SERIO**
UVA	**SUR**	**SALIR**
FEO	**CHAQUETA**	**SALIDA**

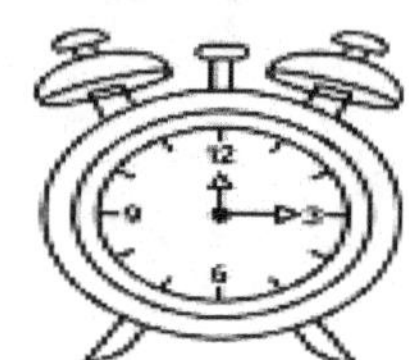

U	B	B	I	X	I	K	D	D	W	H
P	K	I	H	I	J	O	C	X	G	O
L	S	B	S	J	V	O	O	L	H	Q
O	A	P	E	W	Q	N	L	Z	W	J
M	B	B	C	G	N	H	E	R	C	C
E	U	A	T	Q	O	J	G	A	Y	X
R	R	I	O	X	R	V	I	U	N	H
O	R	L	R	C	T	C	O	S	Q	X
Y	I	E	U	D	E	T	S	Í	T	I
G	D	O	N	A	S	D	B	D	Q	W
I	O	O	P	A	N	A	D	E	R	O

SECTOR	ABURRIDO	SÍ
HIJO	NORTE	BAILE
COLEGIO	PLOMERO	PANADERO

Tiempo : ....

C	B	W	L	B	M	M	L	Y	F	G
K	L	E	G	L	H	H	S	H	V	F
B	O	C	A	T	O	R	C	E	H	M
J	T	R	E	S	H	W	Y	Z	D	A
B	A	S	T	A	R	J	M	C	V	R
K	C	W	Q	N	B	J	N	O	E	T
A	M	R	U	A	C	V	U	M	I	E
F	G	T	I	C	E	I	E	E	N	S
T	O	U	N	Y	N	V	V	D	T	P
W	M	G	C	O	A	M	E	O	E	E
P	D	K	E	S	F	L	D	R	I	L

NUEVE   **QUINCE**   **MARTES**
COMEDOR   **CATORCE**   **CENA**
VEINTE   **BASTAR**   **TRES**

Tiempo : ....

T	G	Q	D	P	U	S	V	F	V	T
P	A	S	I	L	L	O	I	I	I	L
R	R	Y	I	V	P	H	E	B	Y	T
V	Á	Y	C	D	B	W	R	Q	C	D
T	N	X	W	Z	Q	G	N	E	I	E
D	D	J	O	C	U	N	E	F	T	R
É	A	Q	O	A	Z	U	S	U	A	O
B	N	C	P	R	R	W	A	E	R	S
I	O	U	J	N	P	E	D	R	I	B
L	N	I	U	E	L	L	E	T	R	I
C	O	B	A	R	D	E	G	E	O	F

ARÁNDANO **CITAR** **VIERNES**

COBARDE **CARNE** **DÉBIL**

PASILLO **FUERTE** **ROSBIF**

Tiempo : ....

T	D	I	C	E	R	C	A	A	V	V
W	O	W	L	R	H	T	R	E	C	E
U	M	M	A	P	Z	T	P	Y	D	J
A	I	T	V	A	D	E	A	L	L	N
W	N	G	E	T	G	R	S	L	D	K
J	G	Q	N	I	D	N	U	M	F	U
E	O	B	I	O	E	E	I	P	A	I
R	B	C	D	S	C	R	Z	U	V	Q
U	E	M	A	V	D	A	O	D	L	B
R	Z	L	E	M	B	A	R	Q	U	E
N	M	J	F	P	E	C	H	O	L	Q

CERCA	PECHO	DOMINGO
EMBARQUE	TERNERA	SUIZO
PATIO	AVENIDA	TRECE

Tiempo : ....

K	G	I	W	A	B	D	E	K	B	X
N	I	W	B	L	D	E	M	U	Y	Q
N	E	E	P	A	J	C	I	O	E	Q
K	J	H	O	H	D	L	S	L	U	Y
B	E	J	T	G	C	A	E	E	R	L
O	F	T	E	M	P	R	A	N	O	E
D	S	O	P	A	T	A	H	B	P	C
A	L	Y	J	X	M	R	D	I	E	T
U	Q	Y	M	F	S	B	S	Z	O	U
Y	O	Z	C	E	R	V	E	Z	A	R
C	U	A	D	E	R	N	O	W	V	A

LECTURA   CERVEZA   TEMPRANO
SOPA   EUROPEO   DECLARAR
POTE   BODA   CUADERNO

I	N	W	T	G	Q	S	P	X	N	G
X	Y	P	O	F	N	E	E	C	M	T
B	J	N	A	R	N	I	R	I	B	E
U	D	O	M	C	J	S	P	E	T	N
U	N	A	D	I	Ó	S	L	N	U	I
V	X	Z	U	S	T	S	E	U	E	S
A	E	H	K	Z	U	L	J	N	L	I
M	C	E	R	E	Z	A	O	F	G	J
P	A	D	U	A	N	A	H	L	V	H
C	W	E	I	R	D	W	O	J	F	X
X	P	L	Y	G	Z	M	A	D	R	E

ADIÓS	TENIS	UVA
SEIS	CEREZA	ADUANA
MADRE	PERPLEJO	CIEN

Tiempo : ....

Q	C	M	Y	B	P	A	T	A	T	A
T	A	N	D	Y	F	E	J	B	N	A
X	D	N	J	R	D	M	U	W	J	A
S	Ó	T	A	N	O	O	G	S	I	C
B	B	G	E	B	G	V	O	L	L	E
A	S	O	B	R	I	N	O	J	K	R
S	O	J	K	E	C	Y	Z	R	V	V
T	C	A	B	T	Í	M	I	D	O	E
A	Z	T	U	G	R	I	S	T	J	Z
R	N	H	U	Q	G	Q	X	Q	U	A
B	E	S	P	O	S	A	F	G	W	C

SOBRINO	**PATATA**	**BASTAR**
CERVEZA	**ESPOSA**	**JUGO**
SÓTANO	**GRIS**	**TÍMIDO**

Tiempo : ....

E	D	A	A	H	Y	E	B	F	I	Z
Y	G	S	H	V	D	R	E	I	N	F
R	B	V	I	K	J	E	L	E	G	S
S	I	C	W	B	X	G	E	W	E	B
U	L	C	A	O	L	A	V	B	N	S
M	L	L	O	N	T	L	J	K	U	H
A	E	U	Z	I	P	O	V	S	O	Y
D	T	K	T	T	W	W	L	B	X	Y
O	E	M	R	A	C	E	R	C	A	U
R	N	I	M	O	R	E	N	O	S	P
A	R	L	U	Ñ	A	S	F	D	E	Q

REGALO **CERCA** **UÑA**
INGENUO **SUMADORA** **MORENOS**
MIL **BONITA** **BILLETE**

B	C	H	P	A	B	U	E	L	O	L	L
Q	O	U	I	H	F	I	Y	K	F	K
R	E	C	J	Y	I	O	O	U	Ú	L
F	O	E	A	I	N	I	O	P	T	M
A	N	N	M	U	Q	G	L	A	B	A
C	M	S	A	C	U	A	R	T	O	R
T	V	A	B	B	I	R	A	G	L	Z
U	A	L	J	H	E	J	U	G	O	O
R	K	A	W	B	T	N	V	R	X	S
A	I	D	I	S	O	R	B	Z	Q	Z
R	V	A	Q	B	T	N	F	Q	J	Z

PIJAMA   CUARTO   INQUIETO

ENSALADA   JUGO   FACTURAR

FÚTBOL   ABUELO   MARZO

Tiempo : ....

V	A	P	C	I	X	V	P	A	D	Y
E	B	A	U	B	O	G	H	P	D	W
R	J	B	A	W	T	W	F	K	L	Z
A	C	O	T	T	E	R	N	E	R	A
N	V	G	R	J	G	Q	A	W	G	K
D	M	A	O	V	I	S	A	D	O	P
A	E	D	S	B	F	D	N	H	O	O
B	P	O	L	A	C	O	N	M	C	K
U	B	V	X	A	P	P	K	D	C	I
S	A	L	Ó	N	X	P	R	T	É	X
I	S	N	U	E	R	A	E	W	P	D

POLACO	**VISADO**	**SALÓN**
TÉ	**TERNERA**	**CUATRO**
ABOGADO	**VERANDA**	**NUERA**

R	N	S	P	R	I	M	O	O	S	M
A	V	X	Z	Y	R	S	S	D	A	Y
J	R	G	R	R	O	N	N	P	C	T
O	A	B	Á	K	S	M	M	Y	A	T
K	E	Q	B	T	B	K	H	A	R	E
H	O	W	A	I	I	H	N	B	Q	R
L	H	J	N	Z	F	X	U	O	J	F
A	W	E	O	A	Y	F	O	G	S	A
T	T	R	E	I	N	T	A	A	C	W
A	I	P	G	P	B	S	E	D	X	P
M	E	Z	Q	U	I	N	O	O	X	D

PRIMO	**SACAR**	**RÁBANO**
MEZQUINO	**TREINTA**	**ABOGADO**
LATA	**TIZA**	**ROSBIF**

E	S	G	U	F	N	A	R	I	Z	X
W	E	C	H	W	S	J	U	Z	R	X
W	A	E	K	J	H	W	Z	M	B	M
O	C	B	U	I	C	B	M	Z	P	T
C	T	O	L	U	T	D	Q	N	A	M
H	R	L	M	A	R	R	Ó	N	P	S
O	I	L	B	C	P	T	H	M	E	J
H	Z	A	G	U	D	G	M	C	L	Z
K	C	M	W	N	J	R	E	S	T	E
J	U	Q	U	E	S	O	S	W	H	K
J	F	T	E	M	P	R	A	N	O	H

MARRÓN   ACTRIZ   NARIZ

TEMPRANO   PAPEL   QUESO

ESTE   CEBOLLA   OCHO

Tiempo : ....

Q	B	F	R	E	S	A	G	F	H	W
Z	M	X	H	U	L	P	Q	U	E	A
A	A	P	R	L	I	G	U	T	R	N
U	R	I	E	N	P	B	A	B	M	C
A	T	H	Q	V	U	K	C	M	A	H
L	E	J	U	P	E	J	U	G	N	O
E	S	W	I	Q	R	B	C	A	A	A
M	M	V	S	P	T	B	H	R	H	Y
Á	Q	A	A	P	A	Z	A	Z	E	N
N	P	S	N	R	M	K	R	O	F	Z
Y	U	Z	J	W	E	E	A	S	Z	S

FRESA GARZOS HERMANA
PUERTA ANCHOA CUCHARA
MARTES ALEMÁN REQUISAN

Tiempo : ....

S	C	U	Ñ	A	D	A	Y	C	V	F
I	G	A	W	V	G	N	N	H	X	B
F	N	U	T	R	T	M	F	P	C	N
Q	G	L	F	A	T	Y	X	R	O	L
N	R	A	R	A	L	Y	L	I	L	O
B	X	D	O	C	E	F	M	M	E	G
H	P	O	L	A	C	O	Q	E	G	N
S	O	P	A	L	M	Q	V	R	I	W
H	G	K	W	S	O	I	G	H	O	T
E	Z	T	Í	O	A	J	X	T	V	F
G	C	A	B	U	R	R	I	D	O	N

TÍO	CUÑADA	SOPA
PRIMER	DOCE	AULA
ABURRIDO	COLEGIO	POLACO

Tiempo : ....

T	P	I	O	L	J	U	K	H	N	B
E	I	N	M	U	B	M	V	I	I	R
T	M	G	E	J	I	J	F	Z	M	G
S	I	L	C	O	T	P	P	F	W	K
C	E	É	Á	U	D	D	C	K	A	Y
N	N	S	N	Z	A	P	A	T	O	S
I	T	A	I	M	A	L	E	K	S	U
Ñ	A	L	C	C	Q	Q	M	W	D	E
O	F	B	O	C	A	F	N	C	D	G
S	E	N	Z	H	V	G	Y	N	K	R
U	O	L	S	A	B	E	R	Y	Y	A

FEO	SABER	PIMIENTA
INGLÉS	ZAPATO	MECÁNICO
NIÑOS	BOCA	SUEGRA

C	E	M	Z	M	N	F	L	R	I	F
O	T	A	E	C	K	Ú	S	V	G	U
D	A	Z	C	A	N	T	G	M	H	A
O	Z	O	Q	V	E	B	A	C	U	N
B	A	R	N	H	S	O	L	N	A	C
D	O	C	E	H	C	L	L	M	M	H
Z	R	A	O	P	O	L	E	C	D	O
E	Y	D	N	C	B	G	T	Q	B	A
C	X	X	U	R	É	W	A	C	N	B
B	L	C	T	G	N	Z	L	Z	H	B
H	N	E	G	R	O	O	Q	I	W	R

DOCE   **TAZA**   **NEGRO**

CODO   **ANCHOA**   **MAZORCA**

ESCOBÉN   **FÚTBOL**   **GALLETA**

Tiempo : ....

G	D	O	W	Y	P	J	G	V	T	Q
Y	S	F	N	U	E	R	A	N	L	S
J	M	X	V	I	O	L	E	T	A	U
A	E	E	S	C	O	B	É	N	T	E
Y	W	Q	S	E	T	E	N	T	A	G
P	E	R	E	Z	O	S	O	D	Q	R
Y	Z	M	S	A	L	Ó	N	J	Z	A
A	R	A	H	D	Z	V	C	O	A	H
X	O	R	Q	O	A	M	I	Z	I	A
V	B	Z	X	S	A	S	F	U	Z	P
Q	B	O	Y	S	Ó	T	A	N	O	D

SUEGRA	**SÓTANO**	**ESCOBÉN**
PEREZOSO	**MARZO**	**VIOLETA**
NUERA	**SETENTA**	**SALÓN**

Tiempo : ....

D	T	P	R	I	M	E	R	O	A	O	
E	O	M	V	S	L	T	Y	U	L	K	
S	T	A	N	Á	B	S	J	W	M	T	
P	M	D	A	B	I	A	C	C	U	S	
E	Z	R	R	A	X	L	X	E	E	C	
G	V	E	I	D	N	I	C	R	R	A	
A	E	K	Z	O	E	D	N	O	Z	K	
R	A	W	S	Q	C	A	P	J	O	M	
I	V	R	U	L	M	S	L	P	B	Q	
I	C	O	C	I	N	E	R	O	N	G	
L	N	B	W	L	N	R	U	N	H	O	

SÁBADO   ALMUERZO   PRIMERO
DESPEGAR   NARIZ   COCINERO
CERO   SALIDAS   MADRE

Tiempo : ....

R	Q	G	V	G	S	T	S	T	F	T
C	M	P	Q	U	W	B	J	O	N	Y
A	E	K	S	X	F	I	N	D	I	O
M	L	M	H	W	I	V	S	L	A	Q
A	E	D	V	R	C	E	M	Z	J	M
R	N	U	R	A	H	L	E	Y	E	Y
E	A	V	H	V	E	A	J	F	D	O
R	C	U	P	T	R	O	K	O	R	G
O	W	V	X	X	O	F	C	T	E	U
L	I	S	O	O	I	C	F	Y	Z	R
R	V	H	S	I	F	R	E	S	A	J

FRESA   **CAMARERO**   **MELENA**

INDIO   **AJEDREZ**   **LISO**

YOGUR   **FICHERO**   **VELA**

Tiempo : ....

W	G	S	G	A	R	S	J	P	F	H
S	A	D	I	Ó	S	V	Y	N	E	U
N	R	W	U	C	P	O	B	L	B	L
V	Z	S	U	É	T	E	R	K	R	D
I	F	Z	R	H	Q	J	S	G	E	Z
X	U	B	D	R	K	L	S	O	R	P
C	O	M	E	D	O	R	Q	K	O	A
R	X	C	I	C	L	I	S	M	O	S
U	D	W	R	T	S	C	L	F	V	T
W	A	U	L	A	L	O	E	S	T	E
T	R	E	S	T	L	C	M	S	X	L

COMEDOR   OESTE   AULA

FEBRERO   ADIÓS   CICLISMO

SUÉTER   TRES   PASTEL

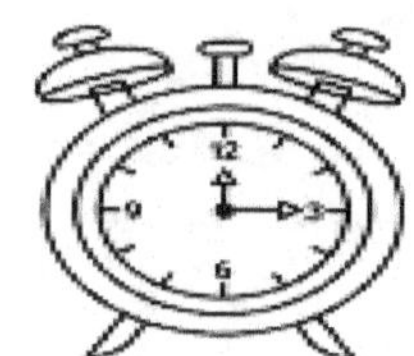

Tiempo : ....

D	W	S	O	G	T	S	P	E	I	R
Z	O	F	P	E	L	O	K	M	P	W
A	Y	A	S	I	Á	T	I	C	O	A
P	S	U	Ñ	A	U	W	L	G	T	L
A	K	L	O	R	M	B	R	O	I	R
T	U	I	L	T	I	V	M	B	N	A
O	C	M	I	V	G	P	F	A	G	B
L	U	A	S	X	N	P	Y	G	U	P
A	R	T	O	R	F	X	S	K	E	U
F	Q	Q	S	E	T	E	N	T	A	E
O	Q	L	D	A	Z	U	L	C	I	K

SETENTA   LISO   ZAPATO

AZUL   PELO   ASIÁTICO

UÑA   POTINGUE   LIMA

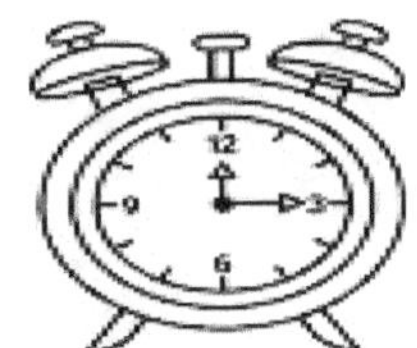

Tiempo : ....

D	D	M	R	T	P	E	C	H	O	J
Q	C	U	D	T	T	Z	B	I	P	T
A	F	R	I	C	A	N	O	I	P	E
E	T	M	A	P	A	F	D	P	U	N
L	E	S	C	R	I	T	O	R	U	I
U	L	E	C	T	U	R	A	M	M	S
V	A	V	A	L	I	E	N	T	E	W
A	A	M	I	C	M	R	P	U	W	S
P	R	R	E	S	Q	U	Í	M	H	L
H	R	E	F	B	S	M	S	F	B	H
E	A	S	U	S	T	A	D	O	X	L

LECTURA   **MAPA**   **PECHO**
TENIS   **VALIENTE**   **ASUSTADO**
ESCRITOR   **AFRICANO**   **ESQUÍ**

Tiempo : ....

F	N	M	Q	L	S	E	I	S	X	A
H	N	L	V	I	K	V	H	W	G	S
P	L	O	M	E	R	O	V	J	P	A
O	M	F	C	R	I	T	I	O	E	R
L	Q	R	A	G	T	A	P	K	R	E
E	A	T	R	D	S	R	I	Y	E	Q
Y	I	E	A	W	B	T	G	T	Z	U
B	I	Y	V	Z	X	A	P	B	O	I
X	B	A	Q	U	C	X	Z	Z	S	S
B	L	E	C	H	U	G	A	I	O	A
O	J	A	M	Ó	N	L	S	Í	O	N

CARA **REQUISAN** **SÍ**
TARTA **SEIS** **LECHUGA**
PEREZOSO **PLOMERO** **JAMÓN**

Q	R	C	O	M	P	R	A	R	I	P
H	B	F	I	C	H	E	R	O	S	M
R	G	O	Y	Y	F	C	X	J	C	Á
X	S	M	B	K	H	L	T	B	H	Q
V	L	Z	A	Q	T	V	E	L	A	U
I	D	A	Ñ	V	E	R	D	E	Y	I
O	P	S	O	E	G	X	C	G	O	N
L	U	A	F	E	L	I	Z	I	H	A
E	R	L	O	Z	K	L	G	Z	F	B
T	R	Ó	J	C	N	F	Q	T	S	D
A	I	N	X	D	N	Q	D	L	N	P

SALÓN   **VIOLETA**   **COMPRAR**

VERDE   **MÁQUINA**   **FELIZ**

VELA   **FICHERO**   **BAÑO**

Tiempo : ....

W	E	W	I	M	Ú	S	I	C	A	D
U	O	F	F	A	C	T	U	R	A	R
S	S	A	N	G	R	E	D	P	U	R
I	M	X	K	R	U	M	O	G	E	M
N	A	T	A	C	I	Ó	N	N	R	A
T	T	N	Z	Q	Q	Q	H	T	N	K
B	C	R	I	A	D	A	H	Q	S	M
B	A	D	U	A	N	A	M	E	E	R
C	O	R	D	E	R	O	L	Q	B	O
Y	V	X	I	Y	Q	N	Y	G	X	J
Z	H	O	M	B	R	O	Q	A	L	O

MÚSICA	HOMBRO	ADUANA
SANGRE	CORDERO	CRIADA
FACTURAR	ROJO	NATACIÓN

Tiempo : ....

P	D	I	E	Z	C	N	E	G	R	O
Z	J	A	Z	E	D	X	H	P	T	V
M	G	O	X	Q	T	U	S	Y	G	V
P	U	E	R	T	A	L	U	N	E	S
Y	Y	X	S	A	N	D	A	L	I	A
Z	Y	Z	J	E	W	O	H	L	F	K
A	B	R	I	G	O	K	U	R	R	K
Y	K	G	Q	Z	A	C	I	E	T	V
D	I	R	E	C	T	O	R	H	P	L
T	P	A	W	E	P	U	L	G	A	R
A	P	E	R	P	L	E	J	O	F	Z

SANDALIA   NEGRO   LUNES
ABRIGO   DIRECTOR   DIEZ
PULGAR   PERPLEJO   PUERTA

Tiempo : ....

Y	M	O	L	F	H	X	G	U	S	W
Z	O	O	R	I	E	N	E	D	A	H
C	C	D	N	C	X	V	S	E	N	P
J	H	G	V	H	M	B	T	D	G	F
W	I	B	S	E	A	I	Ó	O	R	W
W	L	I	W	R	N	E	M	W	E	V
G	A	L	X	O	O	N	A	T	S	X
T	D	L	U	N	O	B	G	L	R	B
Y	Q	E	C	W	A	X	O	N	L	T
J	P	T	L	U	V	V	F	W	P	V
P	Q	E	Q	H	D	A	R	R	H	A

MOCHILA   DEDO   MANO
BIEN   UNO   BILLETE
FICHERO   SANGRE   ESTÓMAGO

Tiempo : ....

B	B	F	A	R	T	I	S	T	A	Y
I	L	B	P	G	E	P	O	N	O	S
B	L	P	Y	F	U	O	A	I	T	U
E	M	E	P	K	W	T	B	N	E	M
M	O	A	U	L	A	I	J	Q	N	A
B	R	R	Q	H	N	N	A	U	E	D
A	E	A	S	O	S	G	A	I	R	O
R	N	P	R	M	Y	U	Q	E	O	R
Q	O	D	P	B	A	E	L	T	Q	A
U	B	I	B	R	S	S	V	O	W	M
E	S	A	W	O	X	X	B	F	R	W

SUMADORA   ENERO   AULA

ARTISTA   HOMBRO   INQUIETO

MORENO   POTINGUE   EMBARQUE

Tiempo : ....

C	R	W	Y	I	B	Y	L	U	P	X
C	O	D	O	V	Q	P	G	O	H	L
A	D	G	D	I	R	E	C	T	O	R
O	U	W	Z	Q	R	Z	I	W	N	J
G	S	L	B	Y	V	G	O	R	D	O
A	I	K	Q	M	C	F	N	L	A	V
J	E	U	R	A	A	D	F	L	B	E
V	T	D	B	Y	F	A	G	U	A	I
L	E	A	T	O	É	T	V	P	F	N
P	J	T	L	F	E	L	I	Z	Q	T
N	S	Q	B	N	D	B	E	N	D	E

CODO　　**FELIZ**　　**GORDO**
SIETE　　**VEINTE**　　**MAYO**
AGUA　　**CAFÉ**　　**DIRECTOR**

Tiempo : ....

U	B	R	M	S	Z	M	R	E	G	S
S	A	M	A	B	L	E	R	L	C	D
W	F	L	L	T	P	A	V	I	Ó	N
V	I	D	B	Y	C	J	B	B	M	F
A	E	S	T	Ú	P	I	D	O	N	S
P	Q	E	Y	Q	U	V	A	O	P	C
B	R	M	E	J	I	L	L	A	P	A
U	V	V	A	S	I	Á	T	I	C	O
D	I	T	A	L	I	A	N	O	I	W
O	Z	Z	L	B	O	T	E	L	L	A
S	I	D	J	H	Z	K	M	M	C	P

ITALIANO   MEJILLA   ESTÚPIDO
BOTELLA   UVA   AMABLE
ASIÁTICO   DOS   AVIÓN

Z	R	I	U	F	O	U	G	Q	F	M
W	P	S	X	F	A	R	D	V	J	I
V	E	H	V	O	R	B	J	I	X	L
Z	L	E	K	U	T	Y	P	V	R	L
Y	O	R	K	O	I	P	E	I	I	A
C	W	M	P	S	S	D	R	S	Z	L
A	O	A	J	U	T	T	O	A	A	Q
R	D	N	R	Z	A	U	S	D	D	L
A	C	A	V	M	J	Q	T	O	O	N
I	D	L	I	B	R	A	R	K	I	X
N	X	H	V	S	P	U	O	W	M	T

MILLA	HERMANA	CARA
PELO	LIBRA	ROSTRO
ARTISTA	VISADO	RIZADO

Tiempo : ....

Z	T	G	X	M	O	C	H	O	N	S
Y	L	L	J	J	C	H	X	W	A	P
Q	G	P	Q	Z	C	S	Z	P	K	J
L	O	Y	E	P	D	F	N	T	M	O
E	G	A	R	Z	O	S	H	J	B	B
C	P	T	T	E	R	N	E	R	A	O
T	O	N	B	A	L	C	Ó	N	U	T
U	G	H	A	C	E	R	T	O	C	E
R	T	R	T	J	S	H	D	L	K	L
A	Q	D	P	E	C	H	O	I	J	L
D	V	T	E	N	E	D	O	R	R	A

TERNERA   **BALCÓN**   **LECTURA**
HACER   **OCHO**   **BOTELLA**
TENEDOR   **GARZOS**   **PECHO**

Z	O	L	L	P	O	T	X	C	C	E
F	G	T	A	T	G	B	E	E	O	N
F	O	V	T	W	L	E	W	S	L	S
R	O	A	A	N	U	V	H	C	E	A
F	F	L	B	S	C	V	G	U	G	L
Q	T	I	A	O	H	G	G	E	I	A
A	Y	E	L	B	A	B	C	L	O	D
K	T	N	C	W	N	K	A	A	V	A
Y	I	T	Ó	Q	T	C	H	A	T	S
A	V	E	N	V	K	E	F	L	Í	C
D	E	D	O	Q	Z	V	D	Z	O	J

TÍO	BALCÓN	COLEGIO
ENSALADA	ESCUELA	DEDO
LUCHA	LATA	VALIENTE

M	N	B	M	J	C	A	O	Q	U	H
Z	L	Q	S	W	I	V	G	E	F	Z
X	A	P	I	Z	A	R	R	A	P	O
M	R	O	V	C	U	E	L	L	O	T
I	G	K	O	V	W	E	I	R	J	W
L	O	U	O	L	E	C	H	E	V	W
P	K	Q	R	C	M	D	C	O	A	X
C	W	B	E	I	X	I	J	S	I	S
D	U	D	J	N	Q	L	I	B	R	O
T	F	J	A	C	E	Y	U	K	L	T
T	Y	I	D	O	P	I	E	R	N	A

PIERNA   LARGO   CINCO
MIL   LECHE   OREJA
PIZARRA   LIBRO   CUELLO

Tiempo : ....

S	E	I	S	L	R	C	G	Y	T	Z
E	F	P	S	E	T	E	N	T	A	O
E	R	F	M	E	L	E	N	A	F	M
R	O	B	D	E	S	A	Y	U	N	O
P	S	G	C	A	R	N	E	J	R	N
E	B	E	W	D	S	T	I	O	N	I
S	I	P	J	G	S	B	B	A	O	H
C	F	E	T	Í	O	H	X	S	A	T
A	I	B	O	Q	P	E	P	I	N	O
A	S	M	A	C	H	M	P	V	R	I
Z	U	Z	J	C	A	H	Z	B	L	Z

SETENTA	TÍO	SEIS
CARNE	DESAYUNO	PESCA
ROSBIF	MELENA	PEPINO

Tiempo : ....

E	R	T	P	W	A	I	D	F	L	E
O	I	H	P	S	M	E	F	R	A	G
C	O	N	E	J	O	G	U	A	T	B
X	J	R	O	S	B	I	F	N	A	Z
Q	F	R	E	L	X	V	K	C	P	G
C	I	T	A	R	S	H	O	É	U	E
M	F	P	L	P	W	B	T	S	W	U
X	V	Q	M	A	R	T	I	S	T	A
G	X	R	E	J	A	E	N	E	R	O
Z	K	T	R	I	S	T	E	R	T	M
E	P	A	N	J	J	K	O	I	K	H

CONEJO   **FRANCÉS**   **PAN**
CITAR   **LATA**   **ROSBIF**
ARTISTA   **ENERO**   **TRISTE**

 Tiempo : ....

A	A	B	U	R	R	I	D	O	I	P
C	V	P	L	A	T	I	L	L	O	U
T	W	P	D	D	O	P	P	Z	I	P
R	E	A	D	E	X	O	R	G	B	I
I	Z	B	G	S	T	L	E	C	Q	T
Z	U	A	D	P	X	I	S	O	C	R
R	S	L	N	E	L	C	E	M	A	E
E	G	C	G	G	E	Í	N	E	D	A
P	C	Ó	J	A	W	A	T	D	H	M
X	R	N	I	R	Z	H	E	O	X	W
Y	X	C	W	A	N	X	M	R	R	O

ACTRIZ	PUPITRE	PRESENTE
DESPEGAR	BALCÓN	COMEDOR
ABURRIDO	PLATILLO	POLICÍA

M	A	J	N	F	I	G	T	G	X	A
K	M	N	L	R	R	L	Y	J	C	R
R	I	H	W	A	D	O	U	L	U	M
B	S	S	Y	N	L	P	N	M	Ñ	A
E	T	E	F	C	P	I	O	C	A	R
M	O	S	J	É	O	M	Q	F	D	T
J	S	E	N	S	S	I	X	O	A	E
Z	O	N	S	J	T	E	O	L	E	S
I	R	T	A	S	R	N	P	R	F	X
N	Y	A	L	F	E	T	A	V	A	O
S	B	N	A	Y	M	A	R	J	G	S

SESENTA   PIMIENTA   MARTES

SALA   POSTRE   FRANCÉS

UNO   AMISTOSO   CUÑADA

Tiempo : ....

P	B	O	R	R	A	D	O	R	Z	L
B	V	D	O	C	E	J	O	I	O	N
C	H	A	M	P	A	Ñ	A	N	N	J
M	A	Y	Y	I	R	C	C	V	N	R
E	G	Y	I	X	A	C	S	B	I	P
A	O	T	H	G	M	S	E	N	V	N
B	S	C	M	L	I	P	R	T	J	W
R	T	I	Z	K	G	L	I	W	X	C
I	O	S	K	Z	A	L	O	B	L	S
G	G	X	C	A	N	A	S	R	X	C
O	Q	D	Q	A	C	Q	T	Í	A	I

CHAMPAÑA   **DOCE**   **BORRADOR**

ABRIGO   **TÍA**   **SERIO**

CANAS   **AGOSTO**   **AMIGA**

Tiempo : ....

B	S	D	H	Z	W	F	X	E	E	D
D	M	W	P	T	W	M	X	U	W	U
P	E	R	E	Z	O	S	O	R	N	L
Z	C	K	P	D	O	C	E	O	W	C
O	A	Y	I	E	K	F	E	P	P	E
K	R	U	N	N	M	R	S	E	X	X
K	P	Q	O	B	B	X	U	O	S	A
C	E	A	P	R	G	M	D	R	Z	V
S	T	J	A	B	U	R	R	I	D	O
Q	A	M	J	A	M	Ó	N	G	F	K
B	A	Ñ	O	V	G	W	W	H	F	W

CARPETA **PEPINO** **DOCE**
DULCE **EUROPEO** **JAMÓN**
PEREZOSO **ABURRIDO** **BAÑO**

L	P	S	J	T	I	Y	C	L	A	P
M	I	E	T	A	R	J	E	T	A	P
Q	Z	G	Y	Y	U	Y	R	J	N	Z
I	O	U	B	O	C	A	E	L	Z	C
N	P	I	G	O	R	M	Z	I	G	L
G	I	R	U	J	L	I	A	S	A	A
L	E	D	A	P	T	Q	B	O	F	S
É	V	F	S	A	Z	F	K	P	Y	O
S	I	Z	E	Z	A	S	I	E	T	E
I	R	O	A	C	D	U	N	J	K	V
U	K	W	N	G	S	Q	K	S	C	R

SIETE	SEGUIR	CEREZA
PIE	BOCA	LISO
GUASEAN	TARJETA	INGLÉS

Tiempo : ....

D	O	S	C	I	H	O	L	F	M	W
R	P	V	I	N	O	S	M	N	R	E
E	E	G	F	S	U	W	C	T	N	E
Q	L	R	O	S	A	D	O	P	N	Z
U	Í	D	C	I	C	L	I	S	M	O
I	C	O	N	O	V	E	N	T	A	Q
S	U	T	K	E	U	E	H	R	Z	F
A	L	N	U	T	L	A	Z	R	J	M
N	A	L	X	Y	O	X	S	K	W	O
M	A	Z	O	R	C	A	A	J	H	I
H	K	A	Z	A	V	Y	E	R	N	O

CICLISMO   **PELÍCULA**   **DOS**
NOVENTA   **ROSADO**   **REQUISAN**
MAZORCA   **YERNO**   **VINO**

Tiempo : ....

Y	N	C	L	A	B	I	O	I	B	R
T	X	H	X	B	O	D	A	P	S	R
C	C	A	A	B	R	I	G	O	C	Q
E	Z	M	T	M	J	L	W	Y	D	A
B	V	P	J	F	H	E	S	A	G	I
O	H	A	I	G	C	C	K	M	L	T
L	S	Ñ	G	G	C	H	S	D	Y	P
L	R	A	W	I	Z	E	W	J	M	D
A	J	I	X	Z	A	D	F	H	U	J
E	P	A	T	I	O	X	K	B	C	T
U	N	O	H	S	E	R	I	O	C	D

CHAMPAÑA **PATIO** **CEBOLLA**

LECHE **LABIO** **UNO**

SERIO **BODA** **ABRIGO**

Tiempo : ....

Q	S	N	Q	N	G	A	Z	U	L	U
D	V	I	J	S	G	C	L	S	A	D
Z	J	M	D	Q	I	P	A	E	X	G
A	R	Á	N	D	A	N	O	G	C	M
I	V	M	S	R	Q	Z	F	Ú	O	T
P	L	Á	T	A	N	O	P	N	R	G
F	T	A	R	T	A	G	Q	W	D	X
W	M	M	A	R	R	Ó	N	B	E	D
L	Y	A	L	E	M	Á	N	K	R	W
H	A	M	A	B	L	E	P	C	O	X
C	H	M	O	W	J	P	O	A	U	Q

AMABLE   **SEGÚN**   **AZUL**
ARÁNDANO   **MARRÓN**   **PLÁTANO**
ALEMÁN   **CORDERO**   **TARTA**

L	C	A	M	A	R	E	R	O	N	N
Z	C	R	Q	B	I	P	J	P	D	C
T	H	U	E	V	O	C	P	E	B	R
I	U	G	R	B	N	C	Y	R	A	F
Z	G	S	E	M	C	H	K	E	C	I
A	M	A	Q	B	O	A	I	Z	F	C
G	L	D	U	I	N	Q	R	O	W	H
X	R	C	I	C	E	U	B	S	Q	E
S	E	H	S	J	J	E	J	O	W	R
C	A	S	A	L	O	T	E	Q	P	O
V	S	I	N	Y	B	A	W	D	O	A

FICHERO　　**CONEJO**　　**CASA**
REQUISAN　　**TIZA**　　**CAMARERO**
PEREZOSO　　**CHAQUETA**　　**HUEVO**

Tiempo : ....

B	P	H	D	C	M	L	N	M	U	N
B	R	B	T	K	T	P	B	I	L	J
P	P	Y	D	O	C	H	O	L	W	F
E	B	S	U	E	R	O	H	L	P	P
M	D	U	O	I	O	X	S	A	R	U
E	G	I	P	C	I	O	O	B	I	P
J	W	T	F	V	I	T	B	W	M	I
A	K	U	I	Q	R	P	R	Z	E	T
M	K	M	B	S	N	W	I	O	R	R
Ó	P	I	E	Z	A	G	N	G	U	E
N	E	O	X	T	S	T	O	K	K	P

SOBRINO   EGIPCIO   PUPITRE

MILLA   PIEZA   JAMÓN

PRIMER   SUERO   OCHO

 Tiempo : ....

G	P	V	N	V	G	A	K	J	L	E
X	B	N	J	U	D	Í	A	S	V	S
A	D	U	A	N	A	U	F	D	W	P
E	F	P	L	Á	T	A	N	O	K	A
E	D	R	S	H	I	P	A	W	S	Ñ
I	C	U	E	L	L	O	X	N	Á	O
H	S	E	C	T	O	R	I	J	B	L
F	I	Y	R	E	B	W	V	F	A	T
T	Z	K	E	N	H	B	B	M	D	L
K	V	Z	T	E	M	O	X	C	O	H
W	Z	E	O	R	T	I	Z	A	Y	A

PLÁTANO **SÁBADO** **SECRETO**
SECTOR   **TIZA**   **CUELLO**
ESPAÑOL **ADUANA** **JUDÍAS**

Tiempo : ....

D	A	Z	N	V	M	O	W	A	A	F
N	O	P	A	T	Y	W	M	N	J	U
P	N	O	F	Q	Q	E	O	C	B	J
Y	D	T	R	J	S	S	R	H	Y	T
U	U	I	I	T	U	P	I	O	T	X
U	L	N	C	J	É	A	J	A	O	D
W	A	G	A	S	T	Ñ	K	Q	L	O
R	D	U	N	W	E	O	G	O	N	S
O	O	E	O	M	R	L	X	J	N	Y
P	I	V	A	L	I	E	N	T	E	Z
A	Y	N	H	G	A	N	Q	W	L	L

ESPAÑOL   AFRICANO   VALIENTE
SUÉTER   ANCHOA   ROPA
POTINGUE   DOS   ONDULADO

Tiempo : ....

S	S	E	T	E	J	A	I	X	Y	H
F	G	E	U	C	J	U	Q	G	M	Q
E	S	I	M	X	A	X	H	N	A	P
M	S	L	B	F	R	I	F	Z	R	E
A	S	I	C	G	D	L	W	A	Z	R
G	I	S	V	S	Í	I	I	G	O	P
O	N	O	G	X	N	A	S	K	L	L
S	G	R	N	C	Q	R	J	C	D	E
T	L	W	T	E	X	V	P	T	É	J
O	É	F	R	C	A	B	E	Z	A	O
N	S	Q	B	I	I	J	U	M	T	I

JARDÍN	LISO	PERPLEJO
MARZO	INGLÉS	CABEZA
AGOSTO	TÉ	AUXILIAR

Tiempo : ....

Z	N	Y	Z	D	É	B	I	L	O	S
P	A	P	E	L	O	G	E	K	I	Y
K	P	C	L	N	S	E	G	U	R	O
C	M	O	K	P	R	I	M	E	R	Y
E	A	M	A	N	I	L	L	O	F	Y
R	S	P	H	H	E	R	M	A	N	O
C	Y	R	G	P	X	H	K	I	H	R
A	Z	A	R	I	Z	K	V	W	O	J
O	O	R	I	U	Y	Q	E	I	X	R
O	I	J	X	Q	Y	I	P	G	T	M
R	Z	E	X	K	A	B	R	I	G	O

ABRIGO	COMPRAR	PRIMER
DÉBIL	CERCA	PAPEL
SEGURO	HERMANO	ANILLO

Tiempo : ....

U	V	A	Y	R	A	R	A	V	R	N	V	I
Q	I	X	K	D	J	U	J	U	L	E
P	O	B	H	U	E	L	M	A	Y	O
J	L	O	H	L	D	C	M	W	L	T
X	E	O	U	C	R	B	M	G	U	R
Z	T	C	U	E	E	N	L	B	O	E
J	A	A	H	X	Z	E	R	T	A	I
G	Q	V	N	N	Q	I	S	H	A	N
B	P	F	C	O	M	I	D	A	J	T
J	G	C	F	E	B	R	E	R	O	A
Q	H	G	V	I	N	O	T	O	H	W

VINO   **FEBRERO**   **AJEDREZ**

COMIDA   **TREINTA**   **MAYO**

DULCE   **VIOLETA**   **UVA**

Tiempo : ....

L	D	Y	G	O	L	S	U	V	J	M
D	E	D	O	P	H	R	E	J	V	M
M	B	X	T	G	U	Z	P	E	R	A
O	G	O	G	K	T	E	S	T	E	Q
X	U	Q	P	L	U	M	A	W	O	E
C	A	R	I	Z	A	D	O	P	N	F
F	G	L	I	B	R	O	I	O	E	E
H	O	T	K	C	V	E	L	A	L	W
U	S	A	P	A	I	G	M	P	T	B
X	T	B	H	S	A	C	A	R	R	O
N	O	B	W	T	R	F	V	Q	E	E

LIBRO   **SACAR**   **VELA**
PLUMA   **RIZADO**   **DEDO**
PERA   **AGOSTO**   **ESTE**

Tiempo : ....

Z	Y	M	L	X	L	N	L	W	P	D
J	G	T	J	J	N	H	X	K	E	J
U	U	G	G	X	P	E	T	X	R	C
M	A	R	Z	O	F	R	B	F	E	H
C	R	B	S	L	P	M	G	W	Z	I
I	B	E	G	I	R	A	K	H	O	J
T	G	J	R	Y	R	N	J	Z	S	O
A	W	J	I	Y	L	O	H	V	O	K
R	S	M	S	A	L	T	O	D	R	C
T	S	C	O	C	I	N	A	F	Y	Q
G	Z	C	C	O	M	E	D	O	R	I

HERMANO **MARZO** **GRIS**
ALTO **COCINA** **PEREZOSO**
HIJO **COMEDOR** **CITAR**

G	T	E	H	K	D	R	E	Z	Q	S	
R	O	S	B	I	F	A	J	V	R	A	
W	J	M	S	O	B	R	I	N	O	L	
G	S	D	A	J	W	M	V	K	U	Ó	
R	P	A	N	A	D	E	R	O	C	N	
Z	E	U	R	O	P	E	O	C	Z	Y	
E	M	B	A	R	C	A	R	H	B	M	
Y	N	J	A	F	R	I	C	A	N	O	
F	M	Q	U	U	L	T	J	C	E	G	
L	Á	P	I	Z	C	O	N	E	J	O	
Z	Z	G	Q	D	E	C	Q	S	Y	F	

EMBARCAR CONEJO SALÓN
LÁPIZ ROSBIF AFRICANO
SOBRINO EUROPEO PANADERO

Tiempo : ....

J	L	W	Q	D	I	L	S	K	T	I
C	O	C	K	H	S	A	X	N	T	M
X	B	H	O	O	S	T	Q	C	E	P
X	F	A	B	M	U	A	U	Y	C	R
K	L	Q	L	B	É	M	I	O	U	E
V	U	U	Y	R	T	A	N	G	L	S
X	Z	E	A	O	E	Y	C	U	Y	E
P	I	T	N	R	R	O	E	R	I	N
N	G	A	P	P	O	D	K	R	C	T
L	I	S	O	L	E	N	I	E	J	E
W	W	R	U	T	S	Y	Q	Q	S	Z

CHAQUETA **PRESENTE** **LATA**
HOMBRO **SUÉTER** **MAYO**
QUINCE **YOGUR** **LISO**

Tiempo : ....

Q	C	Z	M	Y	B	L	B	T	N	X
M	A	Q	B	T	C	E	G	E	X	R
L	K	H	C	A	O	C	O	A	P	O
S	A	I	L	R	E	H	R	D	T	C
R	O	J	Y	T	X	U	D	L	S	V
U	D	A	Y	A	G	G	O	Q	M	I
B	I	N	V	W	U	A	J	H	D	E
I	E	D	O	S	B	X	B	L	G	R
O	N	P	W	T	I	T	G	Y	M	N
Q	T	D	G	A	R	Z	O	S	G	E
A	E	C	I	Q	X	A	K	H	P	S

GARZOS   TARTA   GORDO

VIERNES   DIENTE   LECHUGA

DOS   HIJA   RUBIO

Tiempo : ....

E	W	H	Z	U	C	Y	R	T	V	V
B	X	Z	X	X	P	I	D	E	A	I
Y	L	T	X	N	O	H	Z	R	L	O
F	Z	L	H	C	T	I	P	N	I	L
G	F	A	J	E	I	J	L	E	E	E
O	A	N	K	R	N	O	U	R	N	T
N	K	T	S	O	G	X	M	A	T	A
B	M	G	Z	W	U	I	A	M	E	B
N	A	U	T	W	E	P	L	A	T	O
E	D	E	S	P	E	G	A	R	Z	L
T	G	L	L	E	C	M	Y	M	G	F

PLUMA **DESPEGAR** **HIJO**
TERNERA **PLATO** **VALIENTE**
CERO **POTINGUE** **VIOLETA**

Tiempo : ....

A	L	M	U	E	R	Z	O	M	H	I	I
N	D	H	I	X	M	O	R	E	N	O	N
O	C	S	R	O	C	D	O	J	F	N	
V	H	P	J	C	U	O	O	I	I	E	
Z	I	R	G	T	C	Q	Q	L	U	R	
U	N	I	K	U	H	C	T	L	O	V	
B	O	M	S	B	A	R	K	A	U	I	
O	G	E	A	R	R	I	G	O	U	O	
F	J	R	V	E	A	A	Q	R	I	S	
R	D	U	I	Q	W	D	N	G	Q	O	
L	K	M	V	B	O	A	H	U	W	G	

CUCHARA CRIADA MEJILLA

PRIMER MORENO OCTUBRE

CHINO ALMUERZO NERVIOSO

 Tiempo : ....

S	G	I	J	I	V	C	A	Z	A	I
A	N	G	J	W	N	W	Y	W	R	F
D	X	I	G	S	U	E	G	R	O	F
M	K	M	G	S	I	B	G	J	Y	F
E	N	E	R	O	L	N	V	K	T	F
S	U	M	A	D	O	R	A	K	E	K
U	D	K	B	C	L	A	S	E	D	Q
P	I	M	I	E	N	T	A	W	T	Z
D	T	F	C	O	R	D	E	R	O	A
G	D	I	E	N	T	E	U	M	B	S
D	M	A	L	E	T	Í	N	G	D	W

DIENTE   **SUEGRO**   **CORDERO**
PIMIENTA   **CAZA**   **SUMADORA**
CLASE   **ENERO**   **MALETÍN**

V	V	M	P	K	I	Q	J	E	R	U
U	M	W	F	N	P	G	X	N	O	Y
E	W	C	U	C	A	S	A	O	S	T
L	N	O	K	Q	H	X	U	J	B	B
O	T	L	S	A	L	I	R	A	I	N
C	I	E	U	T	N	Z	N	D	F	N
A	C	G	Z	S	R	E	H	O	U	K
D	L	I	T	R	O	M	U	Z	R	P
X	I	O	E	B	D	P	U	R	F	X
E	J	J	U	N	I	O	X	B	Q	E
H	P	L	O	M	E	R	O	J	P	H

LITRO JUNIO CASA

COLEGIO ENOJADO ROSBIF

SALIR VUELO PLOMERO

Tiempo : ....

E	C	M	L	J	V	P	P	X	J	H
N	P	V	J	U	E	V	E	S	Y	G
Z	A	M	G	D	D	N	E	G	R	O
U	P	W	J	V	I	O	L	E	T	A
R	E	E	P	E	L	O	N	U	L	Q
V	L	M	M	D	O	N	Z	I	H	D
P	O	L	I	C	Í	A	K	U	D	C
B	Z	K	F	J	G	U	L	S	B	M
G	P	S	G	T	X	Y	A	D	Q	P
F	Q	R	U	B	I	O	T	R	A	W
Q	J	B	O	N	I	T	A	Z	S	P

PELO   VIOLETA   LATA

BONITA   JUEVES   NEGRO

PAPEL   RUBIO   POLICÍA

Tiempo : ....

Q	D	S	K	N	E	S	T	E	A	M
Q	C	T	S	X	N	V	J	B	F	W
J	A	É	P	P	Z	C	B	A	E	K
D	T	Q	L	E	M	X	N	S	A	S
L	O	Y	U	S	G	P	A	T	H	J
R	R	Y	M	C	O	D	T	A	L	S
D	C	E	A	A	F	É	A	N	N	B
X	E	M	M	D	W	B	C	T	A	T
K	F	U	O	O	A	I	I	E	H	A
R	S	D	J	B	U	L	Ó	U	L	P
N	P	J	U	N	O	Q	N	H	D	L

PESCADO **UNO** **NATACIÓN**

BASTANTE **DÉBIL** **TÉ**

ESTE **CATORCE** **PLUMA**

Tiempo : ....

W	N	F	E	Z	P	S	U	E	R	O
V	M	C	H	A	M	P	A	Ñ	A	E
I	X	W	Y	W	R	P	Q	T	X	S
S	F	P	J	T	K	U	A	T	M	C
A	R	R	H	P	P	E	R	Y	B	R
D	V	Q	P	R	L	R	Á	Q	A	I
O	S	Z	L	A	Á	T	N	T	C	T
D	C	W	N	M	P	A	D	B	O	O
T	F	L	A	I	I	T	A	B	V	R
L	Y	B	F	G	Z	S	N	O	W	U
Q	F	E	O	A	I	G	O	T	U	P

VISADO	SUERO	ARÁNDANO
FEO	AMIGA	PUERTA
CHAMPAÑA	LÁPIZ	ESCRITOR

E	V	W	F	A	Z	A	P	A	T	O
J	Q	D	E	C	L	A	R	A	R	S
U	Q	R	Y	Y	U	B	F	M	F	S
P	O	T	I	N	G	U	E	N	P	H
O	M	O	R	E	N	O	Y	J	C	O
T	X	F	O	R	K	I	V	I	Y	M
X	Q	E	H	E	L	A	D	O	K	B
B	T	U	L	B	H	I	Q	F	E	R
Q	Í	Z	R	I	R	R	U	B	I	O
X	A	P	N	J	A	L	N	T	U	O
E	N	S	A	L	A	D	A	Z	E	D

POTINGUE **HOMBRO** **RUBIO**
HELADO **DECLARAR** **ZAPATO**
MORENO **ENSALADA** **TÍA**

Tiempo : ....

U	N	M	A	Z	K	J	E	Y	L	F
R	C	M	V	A	V	I	S	A	D	O
A	E	T	O	B	E	E	J	F	M	C
U	N	R	E	O	S	B	P	C	Q	E
L	A	B	S	G	T	M	A	A	B	R
Y	U	U	T	A	Ó	L	N	R	P	V
N	G	S	E	D	M	U	Y	N	J	E
U	H	R	K	O	A	J	Q	E	L	Z
U	P	S	R	P	G	K	H	J	H	A
E	R	G	V	W	O	B	O	Y	U	Q
B	Q	N	M	O	R	E	N	O	V	V

ABOGADO	CARNE	VISADO
CENA	ESTÓMAGO	MORENO
CERVEZA	OESTE	PAN

Tiempo : ....

W	A	B	R	I	G	O	O	L	W	F
C	K	Z	U	C	U	F	W	G	E	B
A	I	O	S	E	U	E	W	A	M	O
M	D	W	A	R	T	L	B	B	B	D
A	X	X	N	E	G	I	B	U	A	A
R	J	T	D	Z	I	Z	D	R	R	Q
E	X	S	A	A	J	J	E	R	C	S
R	K	X	L	E	S	D	S	I	A	O
O	Q	I	I	Q	L	K	V	D	R	F
D	H	D	A	I	V	X	Á	O	W	C
F	W	F	P	B	Y	G	N	L	B	Y

BODA **SANDALIA** **CAMARERO**

EMBARCAR **FELIZ** **DESVÁN**

CEREZA **ABRIGO** **ABURRIDO**

Tiempo : ....

X	N	D	D	E	S	P	A	C	H	O
U	D	R	P	L	A	T	I	L	L	O
L	C	Y	S	W	N	Y	Q	E	P	P
U	O	E	S	C	O	B	É	N	P	P
L	M	A	P	M	O	R	E	N	O	S
E	P	R	I	U	R	O	I	T	I	K
Z	R	V	E	T	A	Q	S	P	U	X
P	A	S	Z	C	L	A	S	E	I	W
E	R	I	A	Y	L	M	G	E	C	J
F	X	T	E	S	T	Ú	P	I	D	O
C	R	E	C	E	T	R	E	C	E	Y

ESTÚPIDO   **COMPRAR**   **DESPACHO**
MORENOS   **PIEZA**   **ESCOBÉN**
CLASE   **PLATILLO**   **TRECE**

Tiempo : ....

S	P	Y	Q	U	E	S	O	H	C	J
Q	A	B	U	E	L	A	E	O	P	H
C	A	L	L	E	P	A	P	I	O	U
G	Q	I	G	N	M	A	R	G	M	T
F	N	A	T	A	C	I	Ó	N	V	C
E	D	I	H	U	Q	X	L	Y	Z	W
C	J	P	A	C	I	E	N	T	E	D
T	O	B	I	L	L	O	P	U	B	J
B	Y	H	Y	F	U	E	R	T	E	R
Z	N	A	T	I	L	L	A	S	C	F
F	I	N	Q	E	V	I	L	N	H	X

NATACIÓN **FUERTE** **APIO**
TOBILLO **ABUELA** **NATILLAS**
QUESO **CALLE** **PACIENTE**

Tiempo : ....

T	L	V	R	U	O	H	H	W	Y	E
I	T	D	E	P	U	X	E	X	E	U
G	E	H	C	Q	V	D	R	S	E	V
E	S	E	O	H	D	I	M	E	F	D
R	P	L	G	Q	S	E	A	S	X	I
M	O	A	I	L	E	Z	N	E	S	R
B	S	D	D	G	C	U	O	N	M	E
J	A	O	A	S	T	T	L	T	V	C
S	H	E	W	X	O	E	Q	A	G	T
C	J	J	M	B	R	M	G	D	F	O
O	C	T	U	B	R	E	C	B	J	R

SECTOR   **OCTUBRE**   **SESENTA**

HERMANO   **RECOGIDA**   **DIRECTOR**

DIEZ   **HELADO**   **ESPOSA**

G	B	D	G	Q	G	J	P	U	T	H	
U	U	T	V	W	A	C	T	R	I	Z	
P	A	T	A	T	A	I	O	K	M	X	
B	U	E	N	L	B	O	C	A	H	F	
X	N	X	A	S	N	V	Z	X	G	H	
T	Í	M	I	D	O	X	N	D	L	G	
P	M	G	E	O	M	I	M	G	K	A	
V	H	E	R	M	A	N	O	V	Y	I	
A	L	T	O	F	A	J	H	W	T	B	
R	Z	P	O	S	T	R	E	E	T	C	
A	O	D	E	S	P	E	G	A	R	C	

POSTRE **ACTRIZ** **HERMANO**

ALTO **TÍMIDO** **PATATA**

DESPEGAR **BOCA** **BUEN**

Tiempo : ....

S	N	E	W	N	X	K	R	C	V	C
U	O	A	U	C	X	P	E	U	N	E
É	O	V	L	H	G	L	P	A	V	N
T	K	I	Z	A	A	Á	C	R	V	S
E	V	Ó	Z	Q	T	T	H	E	K	A
R	O	N	Q	U	L	A	U	N	U	C
F	O	Z	D	E	U	N	F	T	S	A
J	X	F	A	T	M	O	H	A	B	R
T	U	I	F	A	J	W	E	L	P	L
K	B	L	R	E	Q	U	I	S	A	N
E	M	E	X	A	M	E	N	Y	N	J

SUÉTER SACAR REQUISAN

PLÁTANO EXAMEN CHAQUETA

CUARENTA PAN AVIÓN

 Tiempo : ....

D	I	E	Z	S	O	B	R	I	N	O
L	I	M	O	N	A	D	A	C	O	M
Y	Y	P	U	Y	M	R	O	K	E	R
W	P	P	K	V	B	O	N	I	T	A
O	I	I	N	G	L	É	S	G	Y	S
B	J	G	T	G	P	N	O	L	H	P
U	A	X	C	V	B	W	W	K	U	L
E	M	G	D	E	S	P	E	G	A	R
N	A	M	F	M	D	R	V	L	K	U
P	D	C	U	W	L	L	L	M	S	E
U	E	M	P	L	E	A	D	O	P	S

BONITA   **INGLÉS**   **DIEZ**

DESPEGAR   **LIMONADA**   **BUEN**

PIJAMA   **EMPLEADO**   **SOBRINO**

Tiempo : ....

F	I	C	H	E	R	O	J	L	R	B
A	I	S	D	V	I	O	N	C	E	V
I	G	U	E	X	I	O	R	E	B	F
M	B	X	K	A	C	T	R	I	Z	K
R	E	C	O	G	I	D	A	O	P	K
E	F	H	U	K	F	Y	L	Q	U	O
E	Y	N	N	A	G	Y	Z	Z	L	C
Z	O	Z	Y	O	S	P	O	S	G	E
O	E	M	P	L	E	A	D	O	A	Q
B	O	H	O	L	A	M	T	K	R	O
S	Q	J	C	E	R	C	A	L	L	E

ONCE	FICHERO	HOLA
CALLE	RECOGIDA	CERCA
PULGAR	EMPLEADO	ACTRIZ

Tiempo : ....

J	B	Q	U	I	N	C	E	I	R	A
B	Y	C	A	K	T	Q	C	M	E	V
T	I	H	X	C	X	O	X	I	C	P
M	O	R	E	N	O	S	W	M	O	O
F	Q	U	E	S	O	Z	T	Z	G	L
I	S	N	O	O	F	Y	Q	Q	I	A
C	E	W	O	O	H	T	A	N	D	C
H	G	Q	A	K	X	R	Y	K	A	O
E	U	P	Z	P	R	I	M	O	O	M
R	I	V	P	J	X	I	K	Q	V	V
O	R	Y	K	U	G	U	A	P	O	E

RECOGIDA	**QUESO**	**PRIMO**
FICHERO	**GUAPO**	**POLACO**
MORENOS	**SEGUIR**	**QUINCE**

Tiempo : ....

G	W	U	D	O	A	T	U	Z	O	T
J	J	F	F	K	T	Z	N	A	C	P
P	A	D	R	E	V	U	S	U	E	E
Y	S	I	T	S	U	I	Z	O	R	S
S	U	P	Y	R	K	Q	K	P	E	P
M	E	O	Q	O	T	F	D	C	Z	A
O	G	L	S	S	C	I	Y	I	A	L
L	R	A	I	T	A	X	C	G	E	D
B	A	C	B	R	Z	S	Y	N	M	A
R	L	O	F	O	A	W	I	X	H	I
W	X	U	Y	E	R	N	O	M	H	S

SUEGRA   **ESPALDA**   **POLACO**
YERNO   **ROSTRO**   **PADRE**
SUIZO   **CAZA**   **CEREZA**

V	H	B	E	Y	O	H	P	P	A	F
O	T	F	N	E	X	N	H	E	V	G
Q	R	L	E	V	D	N	C	R	I	C
R	W	E	R	L	H	T	W	F	Ó	A
J	P	M	O	P	C	C	J	U	N	O
T	A	R	E	A	K	G	U	M	C	V
H	A	G	H	Q	F	G	N	E	H	Q
U	C	R	I	A	D	A	I	M	C	U
E	T	R	E	S	N	P	O	R	N	E
V	H	Y	S	Ó	T	A	N	O	N	G
O	W	W	M	T	G	H	Y	L	D	P

ENERO **TRES** **AVIÓN**
SÓTANO **HUEVO** **JUNIO**
TAREA **CRIADA** **PERFUME**

W	Y	E	X	V	F	P	O	E	E	U
P	Q	X	O	U	C	Z	Q	M	N	N
M	Z	A	P	A	T	O	K	P	E	O
V	R	V	K	X	P	Q	Y	L	R	O
U	Y	E	S	X	R	Z	K	E	O	L
E	C	N	E	J	I	N	V	A	G	I
L	M	I	C	L	M	G	D	D	H	B
O	Z	D	R	X	E	B	X	O	L	R
H	Q	A	E	O	R	O	O	H	X	A
I	S	J	T	N	Q	C	Y	R	I	W
T	J	V	O	Q	U	A	X	C	R	G

SECRETO   ENERO   VUELO

AVENIDA   EMPLEADO   BOCA

LIBRA   ZAPATO   PRIMER

Tiempo : ....

J	X	G	O	C	H	I	N	O	F	H
A	K	C	R	C	A	R	P	E	T	A
R	A	G	U	A	P	O	V	B	S	F
D	J	A	D	Z	K	J	G	Y	A	E
Í	B	C	F	J	V	K	P	A	R	R
N	A	U	X	I	L	I	A	R	I	G
O	V	Z	L	B	U	P	M	M	Z	H
O	V	Z	A	F	Y	Q	S	N	A	L
N	O	P	I	E	Z	A	M	L	D	N
C	C	Q	L	B	V	C	F	P	O	P
E	J	U	P	L	O	M	E	R	O	X

ONCE   **CHINO**   **GUAPO**

CARPETA   **PIEZA**   **RIZADO**

JARDÍN   **AUXILIAR**   **PLOMERO**

Tiempo : ....

M	E	Q	E	M	Y	D	C	V	R	S
K	V	F	E	B	R	E	R	O	E	W
P	M	V	W	Y	H	E	W	F	S	X
N	E	L	Á	P	I	Z	L	O	C	J
C	H	A	Q	U	E	T	A	G	U	M
Q	D	T	O	R	O	N	J	A	E	J
H	W	W	D	X	M	G	P	S	L	C
Z	K	C	L	P	R	F	C	O	A	E
S	B	N	F	I	C	H	E	R	O	N
D	U	M	A	P	A	D	S	P	B	A
C	T	P	A	T	A	T	A	R	T	V

TORONJA **PATATA** **CENA**
FICHERO **ESCUELA** **CHAQUETA**
MAPA **FEBRERO** **LÁPIZ**

Z	R	M	D	C	D	B	R	A	Z	O
E	S	E	M	C	G	F	O	W	H	B
A	B	J	H	D	E	P	H	Y	N	B
D	M	I	B	H	D	R	P	Q	K	L
I	I	C	H	J	T	R	R	Z	J	U
Ó	L	A	F	T	O	B	I	L	L	O
S	L	N	E	S	B	H	M	C	N	I
Z	A	O	O	Z	C	E	E	E	H	O
J	C	A	J	E	R	O	R	D	S	T
M	R	O	T	M	S	Y	S	G	A	P
I	J	F	C	A	M	I	S	E	T	A

CAMISETA   **CAJERO**   **FEO**

BRAZO   **MEJICANO**   **ADIÓS**

TOBILLO   **PRIMER**   **MILLA**

T	N	W	F	E	O	G	E	A	O	P
O	E	S	V	Y	C	E	T	P	J	Z
R	R	X	I	L	O	L	I	P	O	J
O	V	L	X	W	B	J	F	R	H	A
N	I	H	D	X	A	W	T	I	Q	L
J	O	X	R	O	R	W	S	M	T	E
A	S	F	O	Y	D	J	U	O	D	M
V	O	V	I	T	E	V	I	F	B	Á
Z	T	G	G	E	D	J	H	J	Q	N
F	F	E	L	I	Z	Q	D	E	D	O
N	E	G	R	O	Z	M	D	O	S	J

NEGRO **PRIMO** **COBARDE**
DEDO **TORONJA** **DOS**
FELIZ **ALEMÁN** **NERVIOSO**

Tiempo : ....

O	Q	D	H	X	Z	I	S	Y	E	V
X	H	E	A	S	N	C	A	D	S	O
I	C	R	B	A	P	A	N	R	C	B
Z	S	E	U	N	O	T	D	O	U	Q
V	D	C	E	A	T	O	A	P	E	C
I	U	H	L	T	I	R	L	A	L	T
U	N	A	A	A	N	C	I	E	A	N
M	A	I	L	V	G	E	A	K	W	S
V	C	B	E	A	U	W	M	G	R	R
N	S	V	A	C	E	L	V	D	B	Q
E	F	M	O	U	V	S	O	P	A	Q

DERECHA **ROPA** **ABUELA**
SANDALIA **CATORCE** **POTINGUE**
NATA **SOPA** **ESCUELA**

B	D	L	L	C	R	D	G	Y	K	V
E	X	L	S	W	E	Q	K	L	Z	A
B	N	C	U	C	G	M	A	P	A	H
E	Q	D	H	S	A	E	N	E	R	O
R	B	A	S	T	A	R	G	T	A	B
J	R	Z	A	G	C	K	V	B	Z	G
N	V	L	A	R	G	O	Q	C	N	A
O	C	A	D	I	Ó	S	E	A	L	F
A	E	D	D	D	J	S	I	E	T	E
Q	J	D	Q	M	É	D	I	C	O	F
L	T	A	D	O	C	E	D	P	J	Q

DOCE	ENERO	MÉDICO
MAPA	BEBER	ADIÓS
LARGO	SIETE	BASTAR

Tiempo : ....

M	P	E	U	F	D	Z	G	H	A	X
A	V	S	X	N	R	J	B	C	D	E
R	M	C	O	G	J	N	B	E	S	S
Á	E	R	J	J	E	V	U	Q	H	T
N	J	I	C	F	W	I	Ñ	A	V	Ú
D	I	T	L	V	L	W	A	U	T	P
A	C	O	N	O	V	E	N	T	A	I
N	A	R	J	S	X	P	E	V	J	D
O	N	Z	P	O	L	L	O	W	N	O
F	O	J	E	P	A	S	I	L	L	O
T	É	U	X	I	K	A	F	I	T	E

UÑA	PASILLO	TÉ
MEJICANO	POLLO	ESCRITOR
NOVENTA	ESTÚPIDO	ARÁNDANO

Tiempo : ....

U	M	S	T	D	L	B	B	B	B	A
P	T	B	O	E	K	O	H	C	Z	B
O	Y	S	R	D	S	N	D	S	E	R
H	C	A	O	O	I	I	W	K	C	I
K	I	N	N	X	D	T	E	H	T	G
I	R	D	J	G	J	A	W	J	J	O
R	U	A	A	L	M	U	E	R	Z	O
W	E	L	A	L	B	Y	B	C	D	U
O	L	I	X	Z	Q	S	L	A	T	R
V	A	A	Q	S	E	G	U	N	D	O
E	S	C	A	L	E	R	A	W	A	L

DEDO   **ALMUERZO**   **BONITA**

CIRUELA   **ABRIGO**   **ESCALERA**

SEGUNDO   **TORONJA**   **SANDALIA**

Tiempo : ....

W	K	C	V	N	W	I	U	F	H	O
X	S	O	P	A	W	E	X	E	L	B
W	C	R	V	W	F	R	U	T	A	W
F	A	T	F	Y	H	S	T	B	W	L
N	M	O	W	Y	A	B	U	E	L	A
W	I	Y	L	K	N	M	Y	U	Z	R
F	S	F	R	E	S	A	R	D	R	P
H	E	S	H	E	L	A	D	O	D	C
C	T	Q	H	O	N	C	E	L	T	F
J	A	E	K	M	T	S	Q	L	L	O
A	K	I	X	U	H	D	O	C	E	W

ONCE	DOCE	FRUTA
HELADO	SOPA	FRESA
ABUELA	CORTO	CAMISETA

Tiempo : ....

R	N	P	E	I	W	O	U	B	Z	P
N	E	T	E	N	Q	H	J	V	O	P
O	A	J	B	E	B	E	R	E	Y	Z
J	E	S	P	O	S	A	F	L	H	R
M	M	Y	Q	K	E	X	G	N	O	S
N	A	N	A	A	X	X	O	Y	A	B
U	P	H	I	J	O	T	R	T	C	B
Y	I	O	H	B	W	P	D	R	I	N
S	O	J	G	X	Y	B	O	U	N	A
S	H	A	T	R	I	S	T	E	C	B
H	K	Y	O	X	G	B	J	E	O	U

HIJO   TRISTE   ESPOSA

GORDO   CINCO   APIO

NO   HOJA   BEBER

Tiempo : ....

O	I	R	K	Y	S	Y	Z	L	O	R
F	R	E	S	A	Z	R	P	O	L	M
M	N	Y	F	R	A	N	C	É	S	E
X	S	A	Z	B	S	B	A	P	C	C
F	U	E	R	T	E	T	X	J	A	Á
W	Y	W	L	Y	A	C	J	T	J	N
V	I	R	N	U	E	V	E	A	E	I
X	C	F	Z	H	Z	S	N	P	R	C
X	Z	F	C	A	R	A	U	I	O	O
W	M	É	D	I	C	O	L	O	O	G
R	B	N	X	C	A	A	H	Z	M	Q

MECÁNICO   **CARA**   **CAJERO**
APIO   **MÉDICO**   **NUEVE**
FRANCÉS   **FRESA**   **FUERTE**

T	A	O	U	E	C	O	R	T	O	T
M	E	J	I	C	A	N	O	Y	D	D
D	D	B	S	Á	B	A	D	O	S	H
J	J	Y	Y	O	T	B	N	R	G	X
C	D	R	G	R	O	O	X	U	X	K
M	V	E	T	E	B	D	R	B	R	Z
C	X	D	A	J	I	A	Q	I	M	O
T	F	E	O	A	L	C	X	O	A	Q
U	J	C	J	G	L	K	W	Y	O	X
Z	T	I	N	T	O	P	O	M	W	G
B	P	C	V	C	A	S	A	R	S	E

SÁBADO   **OREJA**   **RUBIO**

MEJICANO   **CASARSE**   **FEO**

TOBILLO   **CORTO**   **BODA**

www.ingramcontent.com/pod-product-compliance
Lightning Source LLC
Chambersburg PA
CBHW080746120726
48001CB00009B/2703